MAA

MAA DUNIYA HAI

HARSHITA SANCHETI

Contents

Acknowledgements

Many many congratulations to the compiler as well as all the co-authors who have put in a lot of effort to make this anthology possible.

Writing a book is never an easy task without the motivation and guidence of my elders in this life. I m really thankful to the whole team of YOUNG WRITERS GROUP & ASHKA PUBLICATION for helping me the whole way.

The guidence and support which i got from my team members and parents are the two keys for the success of this book. Last but not the least i would like to thank AKASH SHARMA for their immense believe in me for the completion of this book.

List Of Co-author

1. Manik Gupta
2. Surendar Singh
3. Shubhanjali Nishad
4. Syedah Hafiza Rabia Iqbal
5. Sarah Chhallani
6. Sanjana Somani
7. Muralidhar Bansal
8. Jasleen Kaur
9. Anshika Alreja
10. Ronak Bihani
11. Fernami olatinwo
12. Kashvi Modi
13. Vanshaj Garg
14. Swastika Soni
15. Manan Bohra
16. Prachi jain
17. Darshan Bafna
18. RPH Sumita Nath
19. Rupali Lodha
20. Krishma Verma

1. HARSHITA SANCHETI (COMPILER)

She is a girl who will definitely change the mindset of the people . A girl who will make her parents and family proud one day . A girl from the small city of Beawar , who writes what other feels . She is the author of the book named "Friends are important" and has also experienced as the co-author in many other books

She is someone who is passionate about writing and dancing who tries to make all happy and proud to be a person who loves to make new friends and try to do new things

Reach her out : sancheti112 on Instagram

MAA SAB KUCH HAI

Maa...Maa woh Shabd hai Jo ek baccha sabse pahle bolna sikhata hai
Maa woh hoti hai jo Keval bacche ko janm hi nahin per unhe aage badhana bhi sikhati hai ek maa hi hoti hai jo Apne bacchon ki khushi sabse pehle dekhti hai
Mother is a word , Mummy is a feeling but MAA is an emotion .
Maa ki mamta duniyaa ki best feeling hoti hai
Maa honaa asaan nhi hotaa maa hone ke saath saath bahut si mushkilon ko samna karna padta hai
Maa ki jaise Mamta koi nhi de sakta
Mene jannat nhi dekhi bas maa dekhi hai

MAA,
MAA TO MAA HOTI HAI

Maa ki kammi koi bhi puri nhi kar sakta duniya ki koi taakat maa jaise Mamta nhi de sakti … Maa toh maa hoti hai yrr khudki khushiyan tyaag kar bachoo ki khushiyon ko dekhti hai who maa hai yrr bacho ko kabhi rota huaa nhi dekh sakti sabko apni maa hi achi lagti hai par meri maa toh best hai … Ek baat bolu bura mat maana par maa ki kami aur unki baliydaaniya tab Nazar nhi aati jab who aapke pass hoti hai , maa ki kami aur maa kaa pyaar unka daatna unkaa apne pe ha Jatana toh tab yaad aata hai jab who humme chodh kar chli jaati hai , maa sachi main teri bhtt yaad aati hai mujhe pata hai tu jhaa pe bhi hai tu kabhi yeh nhi chahegi ki main dukhi hoyu yaa kabhi royuu par maa karu toh karu kya aakhir teri yaad bhtt aati hai kabhi socha nhii thaa naa ki tujhse dhurr rahungi ab jab tu nhi dikhti hai naa tab teri bhtt yaad aati hai itna bhi naraz mat rhoo naa mumma plzz ? meree pass aajao naa mumma bhtt miss karti hu aapko bhi aur aapki daat ko aapke pyaar koo aapke haath kaa banaa khana khaaye bhtt time hogya sachii kuch nhi bhata aap world kaa best khana banati hu mumma bhtt antar aagya

Mere aaj main phele jab aap mere saath thee tab main bhtt khush rheti thii par aaj jab aap mere saath nhi hoo tab mein bhtt udaas hu life main aapki Kami jab aap the tab pata nhi chli par maa sach main bhtt yaad aati hai aapki aap sachi great hoo aap whaa rheke bhi meri khushiyan dekhte hoo aaj tak aapne mere liye bhtt sacrifice kare hai mumma par mumma mere chere pe ab who khushi kabhi nhi aayegi Jo khushi tujhse baate karke terko dekh ke aati thi mumma sachi I love you so much ?❤? aaj tak samjh nhi aaya aap meri khushiyan chahte thee toh mujhe chodh kee q gye aapko pata thaa main aapke binaa nhi rhe sakti aur bhai bhii toh fir aapko dhurr jana jaroori thaa kyaa aap plzz ? waapas aajao sorry bolte hai hum aapko please ? gussa chodho bhi ab aajao naa pass mere nhi rhaa jata tere binaa ,, haa nhi aata mujhe tere binaa rhena main abhi bhi bachi hu aur humesha bachi hi rahungi maa kabhi bhi aapko hurt nhi karungi is baar pakka please aajao naa mere pass , maa tu meri duniya hai aur duniya jab chodh ke jaati hai toh sab khatam ho jata hai. Aur tu mujhse dhurr hogyi mere liye meri duniya meri life aisa lagta hai sab khatam hogyi maa sachi bhtt pyaari ho aap

Aajao naa mumma plzz ? request hai aapse jinke pass unki maa unke pass hoti hai who kitne lucky hote hai maa main bhi lucky hona chahti hu plzz ? aajao merko unlucky mat rakho aapne toh mujhse waada kara thaa naa mujhe khush dekhne kaa kyaa huaa mumma toh fir ab kyu chodh ke gye mujhe khush nhi dekhna chahte kyaa aap mumma plzz ? aajao nhi rhaa jata kasam se aapke binaa har pal ghutt ghutt kee jinaa padta hai maa kese koi tere binaa rhe sakta hai kese koi bacha apne maa baap ko vradhaaashram chodh sakta hai maa kasam se kabhi bhi nhi chodungi aapko mujhse dhurr aajao naa maa plzz 1 baar meri baat maan lo naa mumma aur aajao naa mere pass Tere binaa bhi kyaa jinaa

, aisaa jeena koi kaam kaa nhi hai mumma , aise jindagi bhii nhi chaiye jisme tu naa ho mere pass ; pakka kabhi nhi rulayungi mumma bas 1 khaawish hai meri ki aap mere pass raho humesha kabhi mat jaao mumma chodh ke mujhe q mumma jana jaroori thaa kyaa aapka humme chodh kee mumma bhtt yaad aate ho aap aaj bhi

2. ESHA PRAB

ESHA PRAB *is a commerce student doing her 11th with commerce stream. She is resident of Goa and also the compiler of 4 books (anthologies) . She has also contributed her write-ups in many anthologies. She thinks that writing is the best way to express their feelings besides writing . Her additional hobbies are cooking ,listening to music , photography and travelling.*

माँ बेटी का रिश्ता

चाहे कुछ भी हो पर माँ और बेटी एक दुसरे का साथ कभी नहीं छोडेंगे
माँ तो होती ही प्यारी है
जो अपने बच्चों को देर सारा प्यार देती है
वो हमेशा अपने बच्चों का हाथ पकडे रहती है
पर जब बात होती है बेटी की तो वे और भी अच्छी होती है वह एक खुशी की वजह है
वह बेटी का पहला प्यार है एक अच्छी बेस्ट फ्रेंड भी होती है माँ
और कभी-कभी दुशमन भी
इस रिश्ते को कोई भी कभी अलग नहीं कर सकता:
न वक्त न जगह न और कुछ
यह रिश्ता कुछ खास है
सारे परेशनिया सारे सुख दुख मै एक साथ होते है
माँ और बेटी का तो दिल भी एक होता है

3. MANIK GUPTA

MANIK GUPTA is 23 years old young man. He is resident of Shamli(UP) and currently working in Gurgaon. He has already worked as a co-author in 50+ anthologies and loves to write . With the passage off time writing has become his passion.

मां तो मां ही होती है
ना जाने क्यु ऊपर वाले ने मेरे लिए उन्हें नहीं रखा
मगर सच है
मुझे उनकी कमी हर पल महसूस होती रहती
अगर मेरी भी मां होती
जब देखा करता मैं दोस्तों को अपने
उनकी मां को देख कर मुझे भी अपनी मां की याद आती
कैसे मुझे सुबह स्कूल भेजती
कैसे दोपहर में मेरे आने का इनतज़ार करती
कैसे फिर मेरे साथ खेल कर मेरा मन बहलाती
कैसे मुझे गले से लगा कर सुलाती
सचमें मां एक ही होती है दोस्तों
कोई जिसकी जगह न ले सके ऐसी होती है वह हस्थी
कैसे मुझे खुश करने के लिए अपने दुःख भूल जाती
कैसे प्यार से राजा बेटा सोना बेटा करके बुलाती
अगर मेरी भी मां होती
जिंदगी जीना मुझे वह सिखाती
हर कदम पर मेरा साथ देती
काश जाने से पहले खुद जैसा कोई और छोड़ जाती
काश वह सिर्फ मेरे सपनों में ही नही हकीकत में भी होती
अगर मेरी भी मां होती।

ALWAYS RESPECT YOUR MOTHER. YOU CAN GET THOUSANDS OF FRIENDS FOR WHOM YOU LEAVE YOUR MOTHER BUT JUST REMEMBER THAT MOTHER IS ONLY ONE. YOU WOULD REALISE HER PRESENCE AFTER LOSING HER. LOVE HER AND TAKE CARE OF HER. KEEP FAITH IN

HER LIKE YOU KEEP THAT IN GOD TOO. SHE IS A SHADOW OF GOD.

DEDICATED TO THE LOVING SOUL OF MY MOM. MAY HER SOUL REST IN PEACE.

4. SURENDRA SINGH

इनका नाम सुरेन्द्र सहिं हो ये उत्तर प्रदेश के बरेली जलि के नविासी हो इन्हें बच्चों को पढ़ाना बहुत पसंद हो इन्हें हस्तचत्रिण का बहुत शौक हो इन्होंने सविलि इंजनियिरगि से डप्लिोमा कयिा हो ये कहते हैं क लिखन इनका पेशा नहीं हैं, लॉकडाउन में इन्हें लखिने की रुच हिुई और कुछ महत्वपूर्ण वषियों पर अपनी रचनाएं लखिीं। इन्होंने श्रृंगार रस,वीर रस, करूणा रस, वात्सल्य रस इत्यादि रिसों से परपिूर्ण रचनाएं लखिी हैं और बहुत सी कतिाबों में सह लेखक हो *IG- surendrasingh_4004*

मां

कृष्ण की श्याम नशिा में, शुक्ल की बढ़ती चांदनी तुम।
अज्ञानता के अथाह अंधकार में, ज्ञान की पहली रोशनी तुम।
नरिाशा के अनन्त सागर में, आशा का कनिारा तुम।
सूरज की तपती धूप में, चांद की शीतलता तुम।
मेरे दलि के दर्द को समझे, मेरे मन की ज्ञाता तुम।
क्रोध में कभी जो डांटा मुझको, ममता का प्यार बरसती तुम।
रात को जब नींद न आती, स्नेह की लोरी सुनाती तुम।
जब मैं खाना न खाऊं, तो पीछे दौड़ लगाती तुम।
मांगता हूं मैं दो रोटी, फरि क्यों चार देती तुम;
मेरे जीवन की प्रथम गुरु तुम, फरि गनिती क्यों भूल जाती तुम।
सुबह उठूं जो न मैं जल्दी, नौ बज गए बताती तुम;
घड़ी देखना तुम्हीं ने सखिाया, क्यों गलत समय बताती तुम।
गीले में खुद सो जाती, मुझे सूखे में सुलाती तुम;
की मैंने बचपन में गलती, उसकी सजा खुद को क्यों देती तुम।
नौ महीने का कष्ट सहा,मेरे रूह की नर्िमाता तुम
तुमने मुझको जीवन दयिा, मेरे लिए भगवान हो तुम।

5. SHUBHANJALI NISHAD

She is SHUBHANJALI NISHAD hailing from KANPUR U.P.. Her passion is writing and a hobbies are reading books and travelling . Contact with her through Gmail I'd nishadrock96@gmail.com Instagram: kanha_ki_laado

MOTHER'S LOVE

Mother is the essence of my life
Mother is the presence of my life
I can't live without my mother because
My mother is the past or a present of my life.
I can't tell her in words , how much I can love her.
My mother is the most beautiful most flower of my life,
Who always keeps her family smelling with her care nd love.
My mother is the one who can binds our family like a thread at all time.

6. SYEDAH HAFIZA RABIA IQBAL

SYEDAH HAFIZA RABIA IQBAL , belongs to Pakistan. She's an artist, published writer, co-author, compiler and calligrapher as well, she has been participated in national and international writing contests. She has been completed her masters in English, Urdu ,literature and linguistics as well. She's an animal lover and having deep affiliation with nature. She wants to spread peace and positivity and purpose of her writing is to reveal realities and highlights the social issues. Her favorite genre is poetry. She's a motivational speaker and by profession an English teacher.

@syedah91

shrabiaiqbal@gmail.com

"Paradise under the feet of mother."
HAZRAT MOHAMMAD SAW
How beautifully Allah raises the status of mother by saying this,
Quran (31:14–15)
"We have enjoined on man (to be good) to his/her parents; His mother carried him weakness upon weakness, and his weaning in two years, show gratitude to Me and to thy parents; to Me is (thy final) destination."
In life you can replace every relation but there's only one relation that is irreplaceable and it's a mother and her children relation as it's the example of most pure and selfless love, you can't see any person in your life love you with your all fsults but your mother do, so if you really love your mother try not to hurt her , life is nothing without mother, with the presence of mother looks everything more beautiful, it's only your mother who loves you without judging you. Home without mother is nothing.
May Allah extend all the mother' shadow.
Aamin sum a aamin

7. SARAH CHHALLANI

She is a strong minded, confident and emotional girl who is very passionate about life. She is a 17 year old girl studying in class 12 with commerce as subject and wishes to be a chartered accountant. She loves helping others, and what's to make a change in society for betterment of others.

Maa ♥?

Maa

A simple 3 letter word on which the whole world resides. The only word with most imp value in every person's life, the most valuable, the most precious, the most prestigious, the most eminent, the most beautiful one- Maa

The one who teaches us everything, the one who believes in us everytime in every situation, the one who supports us, the one who encourages us, the one who made us a good human being- Maa

World is not possible without maa. Nothing can exist without maa because she is a silhoutte of GOD.

I LOVE YOU MAA

Kyunki tere kadamo me swarg h basa
Kyunki tune sneh se mujhe h sicha
Teri Mamta sabse nyaari
Tu h sabse pyaari…

8. SANJANA SOMANI

सजंना सोमानी एक ऐसी लड़की है जो सब कि मदद के लिए तैयार रहती है कोई उसके बारे में क्या सोचता है इसकी परवाह न कर जो उसे सही लगे वो करती है जानवरों को पीड़ा में देख उसके उपचार की कोशिश करती है मित्र के आवाज लगाने पर से ही उसके साथ खड़ी हो जाती है

मा ं

मा ं इस शब्द क े बार े म ें क्या कह ें य े शब्द अपन े आप म ें बहुत कुछ कहता ह ै
भगवान हर जगह नही ं हो सकत े इसलिए उन्होंन े मा ं बनाई मा ं हम ें इस संसार
म ें लाती ह ै हमारी प्रथम शिक्षिका होती ह ै कुछ बोल े बिना ही हमारी हर
बात समझन े वाली होती ह ै
नारी क े अनेक रूप होत े ह ैं लेकिन मा ं
नारी का सबस े अच्छा रूप माना जाता ह ै मा ं मीलो ं दूर हो कुछ ना कह ें फिर
भी सब कुछ जान लेती ह ै और समस्या का समाधान कर देती ह ै जब भी हम
घर आत े ह ैं हम कुछ काम हो या नही ं लेकिन मा ं को एक आवाज लगात े ह ैं
क्योंकि हम उन्ह ें देखना चाहत े ह ैं
मुझ े कांध े प े बिठाया
अपनी बाहो ं म ें झूलाया
बेटी नही ं परियो ं क े जैस े पाला
मेरी हर इच्छा ख्वाइश को जाना
मुझ े धर्म सीखाया
अपना कर्म सीखाया
सर उठा क े जीन े उस काबिल बनाया
मेर े सपनो ं को मंजिल जिनस े मिली ह ै
अस्तित्व मेरा वो वजूद मेरा
मुझ े दी ह ै छांव
खुद जल े ह ैं धूप म ें
पाया ह ै एक फरिश्ता |

9. MURALIDHAR BANSAL

He is Muralidhar Bansal from Nepal. He loves writing, and has been writing since his student life. He is a graduate in B. Com. He is presently engaged in business. He started writing with the self-motivation in his career. He wishes to continue his hands writing till the time favours. He has published a solo book under publications and is presently compiling three anthologies..

मा से उपहार

मा से मिला ममता ही उपहार है
जिससे होती नही कभी हार है
बाकी सब रिश्ते नाते बेकार है
मा की ममता ही है जो भवसागर के पार है।
उनकी ममता मेरे लिये आजीवन है
उनकी ही ममता मे मेरा जीवन है
उसी उपहार मे मेरा कण कण है
उनकी ममता ही सबसे बडा धन है।।
दुख मे न कभी ममता याद है आई
सुख मे सिर्फ़ ममता की प्रीत लगाई।
सारा दोष है मेरा जो मैंने समझ ना दिखाई
फिर भी ममता की छाव मुझ पर लहराई।।
मुश्किलों का बादल जब जब छाया है
उनकी ममता ने मुझे जीना सिखाया है।
उसी ममता ने ठोकर मे उजाला दिखाया है
हाँ ममता ही मुझे मा से उपहार मे आया है।।

10. JASLEEN KAUR SALUJA

She is a strong minded,brave ,confident . She is a 17 year old girl studying in class 12 pursuing commerce as subject and wishes to be IAS officer . She loves helping others .

-

Maa vo hai jo hme janam dete hai . Hme koi bhi pareshani hoti hai to ek maa hai jo hmara saath dete hai

Mera maa tu mujhe kbhi kisi dukh ka ehsaas nhi hone dete . Maa tere bina yeh sansar suna hai . Ek tu hi to hai maa jo mere baat sunti hai ,mujhe itna pyaar krti hai

Maa tere pyaar ke mamta ki barabari koi nhi kr sakta!!!

Maa vo hai jo hmare pareshani bina bole samajh jati hai.

Maa tere haatho main Jannat hai!!

Aaj mai apne zevan me jo bhi hu maa sabh tere wajeh se hu .

Maa jo tere bahon m sukun hai vo or kisi ki bahon m nhi hai !!!!

Mere maa tu itne dukh sehke bhi mere itna ache se dhyan rkhti hai

*_MAA TERE HAATHO ME JANNAT HAI_*

Maa tune mujhe chlna sikhaya tune mujhe yeh zindagi di . Maa me kbhi kisi kaam me asafal hui to tune mujhe sambhala or mujhe hosla diya .

*_Umer chahe kitni bhi ho sukoon to maa tere bahon m hi ata hai_*

*_Is duniya me bhut sundar chehre hai per maa se Sundar koi nhi hai_*

*_*Maa tu vo hai jiske kadmo me jannat hai_*

Bacha jabh pehli bar boln sikhta hai to pehla shabd maa hi bolta hai. Tabhi to bhagwan n maa ko bheja hai is duniya me kyunki bhagwan har jageh nhi reh sakte.

Maa tu mujhe chodke kbhi mat jana tu mere puri duniya hai

*_Maa mere chere ki ronak hai tu_*

Love you a lot ❣? maa

11. ANSHIKA ALREJA

ANSHIKA ALREJA

she is a straight forward girl with happiness and pleasure. She is 18 years old. Studying for personally my favorite CA course…and always Feeling proud for having such good family…????

क्या कहूँ मैं माँ के बारे में

माँ तो माँ होती है

वो तो एक भावना है,

उसे शब्दों में कैसे बयां करें।

तेरे बिना जीना मुश्किल है.....!

तुझे बताना और भी मुश्किल है.....!????

Meri Maa??

M: -Many Hugs ?

O:- Not Only Love But Also Anger?

T:-Teaching

Me ???

H:- Helping Me??❤????

E:-Every smile when I was sad?

R : - Raising to me to be strong?

ये तो मेरी माँ का फूल फोर्म है क्योंकि मेरी माँ ऐसी ही है...।

Maa is like sacrificing millions of favourite things of her

That's why she is called mother....

Mother is only growing old and old for her child....

Mother is always there for child like shedding tears to save him/her....

Only Mother having purest gold of heart....

Only Mother's having the world's most beautiful eyes with love and light shinning....

Mother means only right and she will always be right....

MAA I LOVE YOU ❤? ❤?❤?

Not a day goes without your love and mostly your special DAAT..?

Blessed to have you in my life...Never leave me alone I always wanted you as a life partner...At Least Don't Laugh Now

You inspire me by your words and actions, and show your love in many ways….

Always there for you….

MAA

12. RONAK BIHANI

RONAK BIHANI

He is a strong minded, confident and helpful boy who is very passionate about life . He is a 17 year old boy studying in class 12 pursuing commerce as subject as wishes to be a MBA . He loves listen musics and helping others..

?❤?MAA DUNIYA HAI❤??

Hamare intejar me aakhe khol ke sirf vahi so sakti hai..

Hamare dukh me humse se jada sirf vahi ro sakti hai…

Mahta chum ke mukadar badal dene ka jaduu usi ko aata hai….

Or usi ka hath hai jo thermometer se bhi correct temperature batata hai….

Mene duniya ki tamam kitabee padh dali , phele panne pe maa ka hi naam likha tha… vo muj pe tb se jaan deti hai jb me pregrency strip pe sirf ek lakirr ban ke dikha tha….

Esaab laga ke dekh lena duniya ke rishte me kuch adura aada nikelega…

Ye maa ka pyar hai jo dusaro se 9 mahine jada nikelega…

Kbhi pedooo ko mt puchna ki vo faal dene me ky ky sekhte hai jisne apni kohk se auladd janmi ho usse mt batana ki bardash krna kise kehte hai…

Mera siddaa challenge…,,

Duniya ka ek esa mandir khoj nikalo jaha usne tumare naam ka mahta nhi teka… Ek esi nadii khoj nikalo jaha usne tumare naam ka sikaa nhi feka… Vo ek dargah jaha usne tumare naam ke fhool na chadaye ho…

Vo ek guruduwara jaha usme tumare naam ke langar na khilaee ho…

Honge badee badee khoji badee badee tees maar khan pr duniya ki sbse badi explore ka naam hai Maa ❤?..

Tum kaha tk gino ge hum kaha tk ginvahe bs ye jaan lo bharat jesi hi bejord hai bharat k

13. Feranmi olatinwo

He's a young writer born on 29 September 2001,he wrote his first book when he was in primary 6,the book center on the common problem among youth this days in Africa Laziness .He left this book unpublished due to the situation in his country .He lives with his parent in Nigeria .He develops interest in reading books from other source as well as writing quotes ,poem,stories of many genres .He studies library information and science in a popular federal polytechnic Nigeria (Federal polytechnic Ede).He is into many writing community ,he has participated in many group writing which has earn him many certificates both appreciation and participation,His life career has made him Co author in many anthology.Many other books are in progress .

A word mother

Her little hands endows with care ,flush
My hallow heart ,as it melt it
To remembering her care ,daily
Mom …a strong ladder to climb days,
With ease ,days turn soft ,
As I climb with her ,
Shadow ,full plain on me ,
The secret of it , only none could understand ,
But her , that drew me on earth
I can't forget her love ,
Which drys up pain ,along
With shame ,
Then I understand it with,mom
The secret …to having it,
Turn soft .

14. KASHVI MODI

She is 17 year old girl and was born in 2005. She is passionate of helping others. She is good in althelatics and sports. She loves art and want to do something better for nature .

अपनी सारी खुशियाँ हम पर लुटा देती हो,
माँ तुम इतना सब कैसे कर लेती हो,
अपनी सारी खुशीया हम पर लुटा देती हो,
माँ तुम इतना सब कैसे कर लेती हो,
जब जब भी यह तकदीर दगा देती है,
माँ की मुस्कुराहट उम्मीद जगा देती है,
मेरे हौसले को उड़ान तुम देती हो ,
माँ तुम इतना सब कैसे कर लेती हो ,
दूर जब भी तुमसे होती हूँ माँ,
सच कहूँ तो अकेले में रोती हूँ माँ,
मेरी हर ख्वाहिश तुम पूरी कर देती हो,
माँ तुम इतना सब कैसे कर लेती हो,
सच की राह पर चलना सिखाया है हमको
जीने का मतलब बताया है हमको,
जीवन की अनमोल बाते सिखा देती हो,
माँ तुम इतना सब कैसे कर लेती हो...
माँ तुम इतना सब कैसे कर लेती हो...
मेरे दु:खी होने से तकलीफ मुझसे ज्यादा होती है
मेरे खुश होने से खुशी तुम्हें ज्यादा होती है,
मुझे जरा सी चोट लगने पर आंसू बहा देती हो,
माँ तुम इतना सब कैसे कर लेती हो ,
माँ तुम इतना सब कैसे कर लेती हो....
अपनी खताओं की माफी माँगती हूँ
अपनी खताओं की माफी माँगती हूँ..
कभी बताया नहीं माँ कि तुम्हे कितना चाहती हूँ
बिना जताए ही हमसे इतना प्यार कैसे कर लेती हो,
माँ तुम इतना सब कैसे कर लेती हो,

अपनी सारी खुशियां हम पर लुटा देती हो,
माँ तुम इतना सब कैसे कर लेती हो।।

All that we are or hope to be , we owe to ur Mother. We are born of love, love is a mother. Mother is a word that can't be defined in dictionary . An epitome of selfless love .she is the only one who sacrifice her happiness for us. She so special because she is extension of God . Looking into her eyes is like looking into depth of the universe ,because "she is one who can take place of all others but whose place no one else can take." Most of the times we think why she always scolds us but do we ever think she scolds for our good habits to make future bright. A mother's love does not set with the sun .In blankets you all through the night. Your love, you're attention, your guidance ,have made me who I am .Without you I would be lost ,wandering aimlessly, without direction of purpose. Without you, there would be an empty space.

15. Vanshaj Garg

He is a boy who can sacrifice his life for family and close friends.
He wants to become a businessman and do something great for his family
He never disrespect anyone . A boy whom anyone can trust and he will never going to break it ....

कभी उलझ जाओ अगर जदिंगी के पन्नों में तो 3 अक्षर लखिना,
I LOVE YOU नही प्यार से मां लखिना,
श्री राम लखिने पर पत्थर तर थे, मां लखिने से जदिंगी तर जाएगी....
में मेरी मां के हर दुख को सुख में बदलना चाहता हूं
उसके हर आंसू को में अपना आंसू बनाना चाहता हूं
उसके हर पल में खुशी और हर अंधेरे में उजाला भरना चाहता हूं
तुम बात करते हो मोहब्बत की, में मेरी सारी मोहब्बत मेरी मां पे लूटना चाहता हूं
जसि दनि दनुयिा से हार जाऊं मां की गोद में सरि रख के रोना चाहता हूं
हां, में मेरे जीवन के उलझे हुए पन्नों पे मां लखिने चाहता हूं
उन्हें बताना चाहता हूं की में उनसे कतिनी मोहब्बत करता हूं
हां, में मेरे जीवन के उलझे हुए पन्नों में मां लखिना चाहता हूं
मां लखिना चाहते हूं।।।।।।

16. SWASTIKA SONI

Swastika means to be good ?. She signifies the beauty of words. Her soul is pure she likes to fullfill her family wishes… A girl who never disappoint anyone

घुटनो से रेंगते रेंगते,कब पैरों पर खडी हुई
तेरी ममता की छांव में,जाने कब बडी हुई!?
काला टीका दूध मलाई,आज भी सब वैसा ही है!!
मैं ही मैं हूं हर जगह,प्यार है ये तेरा ऐसा..
सीधी-साधी भोली -भाली मैं ही सबसे प्यारी हूं,कितनी भी हो जाऊं बडी,
मा..ँ मैं आज भी आपके ही जैसी हूं!!
आज भी कभी यह जान नहीं पाई,
मेरे कुछ कहने से पहले ही कैसे आपको सब समझ आया!?
आपके पास जरूर होगी कोई जादू की छडी है की मैं मांगू उससे पहले ही आप
कर देती हो हर बात पूरी!!
आपके आगे कुछ भी नहीं आप को ही बतानी होती है हर बात नई..!

17. MANAN BOHRA

He is a person who is very passionate about his future goals .. a boy who is introvert but very kind towards his friends...

Maa toh maa hai maa ke upper bahut khuch likha ja sakta hai meri maa mujhe bahut payari hai vh mujhe datt ti hai toh ekk alag hee aahsas hota hai jaise ki vh mera aacha soch rhi hi ....?
Ma ke hatt ka khana khake esa lagta hai jaise ekk accha sa svadd aagaya ho maa jaisa bhi bane aacha hee lagta hai ..
Agar mujhe ghar pe ane mein late ho jaye toh meri maa per ekk payar bhari ekk tension se aajati hai or mummy usi samh phone kr deti hai ..yeh mujhe aacha nhi lagta per meri maa ke liye agar mene phone utha liya toh maa ke chare per ekk muskan se aajati hai❤?
Meri maa mere liye best hai thi or Rahegi?
Voh mere liye super hero hai usse aur koi super hero ke jarurat nhi hai puri duniya ke liye voh meri maa hai per mere liye voh meri duniya hai mein mummy apko kabhi khi nhi jane dunga agar mere se koi bhi galti ho gayi ho toh mujhe maff kar dena
I ❤? you mummy so much
And i know you love more than me ....❤?❤?

18. PRACHI JAIN

She is a girl with unique and different mind set... A girl who never disappoint anyone, girl who wants that everyone should change the mindset towards women empowerment ?

Maa

Maa ab tre baare toh kya hi khena tu hoti hai tb hi sukoon milta hai aur ab tu hai nhi toh sukoon bhi nhi …? mri har khushi se tu nhi tujse mri har khushi hai…? tra vo datna fir raja beta kheke manna bht yaad aata hai maa .. Tre hath ka yummy yummy khana ? tre hi aachal mai hi nikla bchpan ..tujse hi judi hr dhadkan .. Khene ko toh maa sb khte hai pr mre liye toh hai tu bgwan

Maa aur uski mamta dono mai noor hai__
Maa aur uski mamta dono mai noor hai
Ksi heere ki jarurat kya
Mri toh maa hi kohinoor hai ?
Dawa aasar na kre toh nzr utharti hai __
Vo maa hai janab kha haar manti hai ??
Vo gussa toh bht krti hai pr payr gusse se lakh guna jda krti hai ? aree vo aur koi ni mri maa hai
*Sari duniya firkr krna chod skti hai pr *maa* nhi ?*
Maa koi kitna bhi acha kyu na ho
Tri kami koi puri ni kr skta ?
Ik maa ka hi payr hai jo muft mai milta hai
Baki chezo ki kimat chukani pdhti hai ?

19. DARSHAN BAFNNA

He is a boy who tries to make all happy ... A boy who is handling business and accounts together ... He is very passionate about his carrier , he is multi talented person ?

मां

क्या सरि्फ एक शब्द है मां।
क्या सरि्फ एक भावना है मां
नही
ये पूरा संसार है जो एक अक्षर में समा गया है
मां तेरी वजह से ये संसार दखे पाया हू
तेरी वजह से मैं आज कछु बन पाया हू
तेरी डांट के पीछे भी प्यार समाया है
तेरी खुशी के पीछे मेरा ये संसार समाया है
तेरे ही नाम से अपनी पहचान बनानी है
तेरे बनि एक पल भी ये जदिंगी नही बतिानी है
तूने हमारे लिए हर दर्द सहा है
यही नही कसिी ने मां को भगवान कहा है
तेरे आगे भगवान भी झकु जाते है
मां के लिए लोग अपने शीश तक कटाते है
तेरे लिए तो खुद भगवान धरती पर आए है
श्री कृष्ण ने तो 2 मां के सुख पाए है
मां के एहसानो को कोई कैसे चुका पाएगा
तेरे बनिा कोइनीज संसार में कैसे आएगा
तझुे खुश कर सकू बस ये काम करना है
आखरी सांस तक तझुे इस दलि में रखना है
तेरे बारे में, मैं इतने शब्द कहा से लाऊंगा
तेरे लिए मैं हर मशुकलि से लड़ जाऊंगा
बस यही दुआ है भगवान से हर जन्म तेरी कोख में आऊ
जब भी आंख खोलू तझुे ही सामने पाऊं||

20. RPH SUMITA NATH

Ms Sumita Nath hails from the City of Joy-Kolkata. She is a working professional in the field of Healthcare- Total Quality Management. She is also an author to many anthologies and have a facebook page "Rhymic Fun" where she had penned many poetries and quotes in english, hindi and bengali. She believes with positivity and practice we can win many hearts. To be in contact with her you can mail to

healthywisher@gmail.com

Priceless Gift

Mom because of you I born,
You nutured me as a corn
Day In and Day Out
You make my personality to adorn
And I spread on and on like popcorn
God gifted you as my best Mom.
I remember the childhood days at afternoon are really frisky,
Your warning bell of "no power nap" makes it risky,
Rules laid by you there would be no arguments,
Sometimes danda's, chapels,jutta's ready for the punishments,
Lovely nostalgic memories through the years of walks and talks,
Time flied in love and argument with the ticking of the clocks.
Mom you are priceless boon god has given us,
God fills our life with all new joy in plus,
Even in the darkness with you my bright smile shine,
You are the hope of dad,didi and mine,
Your upbringing were never partial between daughter and son,
Mom you are the person from million to one.

21. RUPALI LOHDA

She is a girl who is interior designer by profession ?but preparing for UPSC exam ? and her passion is writing stories , poems in English and Hindi ....

Meri Maa....
Meri jaan, meri shaan
Jinka sath hona hi mera swabhimaan,
Sabne humesha kaha maa se ki 3-3 betiyan h kash ek beta ho jata to apke budhape ka sahara banta, par meri maa ne har baar muskurate hue khaa beta ho bhi jaata to bhi mere budhape ki laathi meri betiyan hi banti.
Sabne humsha kaha mujhse itne uche khwaab mat dekh lakdi hai tu, par meri maa ne khaa ki khwaab hi mat dekh balki har khwaab ko sach kr ke dikha... itni uchi udaan bhar ki logo ki baate sunai hi na de tujhe...
Me giri bhi , haari bhi
Par meri maa ne karwa rakhi thi mjhe iski tyaari bhi
Vo meri maa hi thi jisne mjhe sapne dekhna sikhaya , khudne fati saari pheni par mjhe har kapda naya dilaya...
Meri maa ne mjhe pankh diye or papa ne udhnaa sikhaya...
Mujhe nhi pata me jeevan me haarungi ya jeetungi...
Par yeh wada hai ki teri vo baat sach krke bataungi, aapki or papa ki laathi ban k dikhaungi...
Mujhe nhi dar lagta is zamane se qki mere maa-papa ka sath keemti hai har khazane se...

22. KRISHMA VERMA

Krishma verma is a creative writer by pashion . She has keen interest in motivating the youth about the beauty of life so that interest landed her into writing as she is very found of platable writing. At present, she is pursuing B.sc. in Home Science from the reputed college namely Government Home science College Chandigarh and she also born and brought up in the same city which is afforementioned above.
Her vision Is to transform the mind of the person through her writing.

माँ को बनाने से पहले खुदा ने यह सोचा होगा,
उसने माँ को बनाकर खुद का ही हक़ दबोचा होगा,
उसने माँ के पाँव के नीचे जन्नत बनाई,
जो खुदा से मांग सके ऐसी मन्नत बनाई,
उसने 9 महीने हमें अपनी कोख में रखा,
और कहीं मुझे कुछ हो ना हो ना जाये खुद को इसी खौफ़ में रखा,
मिलना चाहे तो माँ मन से पुकार लेती है,
बस इसी तरह वो मेरी नज़र उतार लेती है,
वो चाहती है सपनों का महल खड़ा करूँ,
जो सपने अधूरे रह गए उन्हें पूरा करूँ,
आधी रात को भी उठती है जब मुझे ताप होता है,
माँ को देख ठीक अपने आप होता है,
माँ तो रानी लक्ष्मीबाई है,
दुनिया से लड़ी जब मुसीबत मुझपर आयी है,
मेरीआँखों में काजल की धार है,
माँ ही मेरा पहला प्यार है,
लिखती तो मैं बहुत हूँ,
पर उसके आगे सब फीका है,
उसके लिए क्या लिखूँ,
जिससे मैंने लिखना सीखा है,
कौन कहता है माँ नौकरी नहीं करती,
जो माँ करती है वो पूरी दुनिया मिलकर भी नहीं करती।

Notes

9 798887 172309

Printed by Libri Plureos GmbH in Hamburg,
Germany